Ex Libris

Marlene Bunke

Inseln des Glücks

Dekorationen und Anregungen
zum Wohlfühlen

Mit Fotos von FloraPress

COPPENRATH

Das Bewusstsein eines erfüllten Lebens
und die Erinnerung an viele gute Stunden
sind das größte Glück auf Erden.

Marcus Tullius Cicero

Alle Informationen und Anregungen in diesem Buch wurden sorgfältig geprüft.
Dennoch können weder die Autorin noch der Verlag für eventuell entstehende Schäden haften.

ISBN 978-3-8157-5199-2

Redaktion: Katrin Gebhardt
Textsatz und grafische Gestaltung: Stefanie Bartsch

Printed in China

www.coppenrath.de

Inhalt

Wie ein Südseetraum – aber auch an der heimischen Küste, am nächsten Fluss- oder Seeufer lässt sich solch ein kleines Paradies schnell und einfach mit einem Tapeziertisch, einer großen, duftigen Decke und einigen Accessoires herrichten.

Reif für die Insel?

Wer kennt das nicht: Manchmal erscheint uns das Leben grau und langweilig – die alltäglichen Aufgaben und Verpflichtungen nehmen uns komplett in Anspruch und es bleibt kaum Zeit oder Energie, etwas Schönes zu erleben. Der Wunsch nach Urlaub wird immer größer. Doch warum lange warten und in die Ferne schweifen, wenn die kleinen Inseln des Glücks so nah liegen und jederzeit greifbar sind?
Dieses Buch enthält zahlreiche Anregungen für den täglichen Kurzurlaub vom Alltag. Es lädt ein in Wohlfühl-Oasen, die sich jeder nach seinem Geschmack zu Hause selbst gestalten kann – schnell, mit wenig Aufwand und einfachen Mitteln. Verwöhnen Sie sich selbst und tanken Sie neue Lebenslust, Power und Gelassenheit auf Ihrer persönlichen Insel des Glücks.

Maritimes Flair verbreiten die selbst bemalten Fahnen. Dafür Baumwollstoff zuschneiden, oben einen Tunnel zum Aufhängen nähen, an den Seiten und unten ketteln und ausfransen. Mit Textilfarbe bemalen, nach Anleitung fixieren und auf einen weiß gestrichenen Bambusstab ziehen, mit Schleifchen verzieren.

Milch- und Joghurtflaschen aus Glas mit Sand füllen, Karobändchen umbinden, Kerzen und gefärbte Seeigel hineinsetzen.

Stimmungsvolle Verwendung finden die Funde aus dem letzten Strandurlaub in diesem Windspiel. Steine, Muscheln, Schneckenhäuser etc. mit rotweiß gedrehtem Band an einem Holzstück befestigen und aufhängen.

Schiff ahoi! Kleine Papierschiffchen mit bunten Fahnen aus Schleifenband am Zahnstocher.

In 20 Jahren wirst du mehr enttäuscht sein über die Dinge,
die du nicht getan hast, als über die Dinge, die du getan hast.
Also löse die Knoten, laufe aus aus dem sicheren Hafen.
Erfasse die Passatwinde mit deinen Segeln. Forsche. Träume.

Mark Twain

An die Bälle, fertig, los! Die Matrosen bestehen aus je zwei Dosen, die bei einem gezielten Wurf lustig durcheinanderpurzeln. Flaschenverschluss und Styroporkugel als Hals und Kopf aufkleben, Schwimmring aus Styropor befestigen und alles bemalen.

Kleiner Aufwand, große Wirkung: einen Kerzenleuchter mit einer festen Kordel in den Baum hängen, verschieden gemusterte Schleifenbänder anknoten.

Die Natur genießen

Die Natur ist nicht nur eine Insel des Glücks – vielmehr ist sie das Paradies auf Erden. Wann immer sich die Gelegenheit bietet, sollten wir hinausgehen an die frische Luft. Glücklich ist, wer einen Garten hat, aber auch schon ein kleiner Spaziergang im Park kann Wunder wirken. Der Wind pustet Müdigkeit und trübe Gedanken fort; Vogelgezwitscher, der frische Duft der Blumen und das knackige Grün der Blätter wecken die Lebensgeister.

Dass der Mensch zum
Glück geboren ist,
lehrt uns die ganze Natur.

André Gide

Für die fröhliche Fähnchengirlande aus Stoffresten Dreiecke schneiden, an eine Leine heften oder tackern und diese zwischen zwei Bäume spannen.

Welch ein Glück, dass es die einfachen Dinge immer noch gibt, immer noch Felder und rauschende Bäume und den Mond am Himmel, so hoch aufgehängt, dass ihn niemand dem Nachbarn zum Trotz herunterschießen kann!

Karl-Heinrich Waggerl

Brotzeit im Freien – als stylischer Picknickkorb dient ein Obstkorb vom Gemüsehändler. Mit Karostoff auslegen und lecker füllen. Ein Karobändchen mit Minibrezeln schmückt den Griff.

Romantisches Ambiente mit Sitzkissen, Decke und einem selbst gebauten Sonnensegel. Dafür lange Äste in den Boden stecken, ein Pareo-Tuch dranbinden und mit Leinen verankern. Lampions mit Wäscheklammern fixieren.

Was gibt es Schöneres als ein Picknick im Grünen? Einfach eine Decke und Proviant einpacken und zu Fuß oder mit dem Fahrrad einen geeigneten Ort suchen – auf einer Wiese, unter Bäumen, am Bach. An der frischen Luft schmeckt's immer am besten.

Mit dem Leben ist es
wie mit einem Theaterstück.
Es kommt nicht darauf an,
wie lang es ist, sondern wie bunt.

Lucius Annaeus Seneca

Fröhliche Transport- oder Geschenkbox: bei großen Pappbechern aus dem oberen Drittel mehrere Keile herausschneiden, die verbleibenden Dreiecke mit Satinband zusammenbinden und einen bunten Lolli einstecken.

Süße Kerzenleuchter: kleine Pappbecher mit Geschenkpapier-Streifen umkleben, innen zur Hälfte auspolstern und je einen bunt verzierten Muffin mit Papiermanschette einsetzen. Kleine Geburtstagskerzen mit Haltern aufstecken.

Da kommt selbst bei schlechtem Wetter zu Hause Picknick-Laune auf: anstelle einer Tischdecke auf dem ganzen Tisch Kunstrasen auslegen, mit buntem Geschirr eindecken und mit künstlichen Blüten dekorieren.

Je lieber die Gäste, umso schöner die Feste.

Sorbisches Sprichwort

Wenn man nur möchte, findet sich immer ein Anlass für eine kleine Feier oder ein geselliges Beisammensein in vertrauter Runde. Auf dem hübsch dekorierten Balkon, der Terrasse oder im Garten lassen anregende Gespräche und kleine Köstlichkeiten unter freiem Himmel Glücksgefühle aufkommen.

Stimmungsvolle Gartenbeleuchtung aus einfachen Marmeladengläsern: mit Heißkleber bunte Dekosteinchen aufbringen, an Schlaufen aus Blumendraht in die Zweige hängen und brennendeTeelichter hineinsetzen.

Hübschen und zuverlässigen Insektenschutz für Lebensmittel bietet solch ein Fliegenschränkchen mit Gazefenstern. Die Konstruktion besteht aus Ober- und Unterplatte, zwischen denen vier Kanthölzer mit starken Schrauben befestigt sind. Zwischen die Kanthölzer sind seitlich und hinten Rahmen mit Metallgazebespannung geschraubt, vorne dient solch ein Rahmen mit Scharnieren als Tür. Ein Zwischenboden ist lose eingelegt. An dem Griff lässt sich der Kasten leicht tragen oder in einen Baum hängen.

Windlicht mit doppelten Wänden: zwei Gläser ineinanderstellen und Heidekraut in den Zwischenraum stecken. Unten ein schmales Karoband mit Klebeband fixieren und eine farblich passende Kerze einstellen.

Du hast, vom Glück belehnt, ein schönes Fleckchen Erde;
genieß es recht, dass dir's ein Stückchen Himmel werde.
Ich wünsche dir nicht ganz ein sorgenfreies Los,
nur gegen den Genuss die Sorge nicht zu groß.
Ein wenig Salz ist gut, auch Pfeffer, am Gericht,
nur übersalzen sei's und überpfeffert nicht.

Friedrich Rückert

Leben wie Gott in Frankreich kann man mit wenigen edlen Accessoires auch ohne eigenen Garten – auf dem Balkon oder in einem öffentlichen Park.

Überraschen Sie Ihre Gäste mit einem Hauch Luxus. Rosen sind immer ein Blickfang. Für die Tischdeko mehrere Schalen mit einzelnen Rosenblüten dekorieren.

Romantische Herzdeko:
Herz aus Holz aussägen, weiß grundieren. Aus einer Serviette Rosenmotiv ausschneiden, die bedruckte obere Lage abziehen und mit Serviettenkleber aufkleben. Mit Schleifenband und Windlicht dekorieren.

Hübsch und praktisch für die Sommerparty. Zinkeimerchen weiß streichen und mit künstlichen Rosen bekleben. Eis einfüllen, Flaschen hineinstellen und zusätzlich mit frischen Rosenblüten dekorieren.

Ob als Vase oder Windlicht – das Glas im Drahtkörbchen mit Bügel zum Aufhängen sorgt auf Balkon, Terrasse oder im Garten für romantische Stimmung.

Die Kraft zu lieben,
die Gesundheit, sich,
das Leben,
Freundschaft und Geist
zu genießen und zu erwidern,
ist der Zauber, der alles bezwingt.

Ludwig Tieck

Ein Fest für die Sinne: Balkonkasten mit Rosendesign in Serviettentechnik, mit Rosen und Lavendel bepflanzt.

Ein Haus mit Balkon ist eine feine Sache, muss aber nicht sein.
Ein Haus ohne Fundament kommt überhaupt nicht in Frage.
Wenn ein Haus aber nicht nur ein Fundament,
sondern obendrein noch einen Balkon hat,
wird man schnell heimisch und sesshaft.

Anonym

Eine liebevolle Dekoration – hier Geranien in rustikalen Zinkgefäßen und gemütliche Polster im ländlichen Karo-Blümchen-Look – macht selbst den kleinsten Balkon zu einer Oase der Ruhe und Geborgenheit.

Kirschblüten und Vergissmeinnicht: ein duftiges Tête-à-Tête im alten Zuckertopf.

Für dieses originelle Windspiel unterschiedliche kleine Glasflaschen mit Blumendraht an ein Kreuz aus Zweigen hängen. Und zwar so, dass sich die Flaschen berühren und bei leichtem Wind Töne erzeugen. Gefärbtes Wasser einfüllen.

Ein schickes Vogel-Restaurant, zusammengesetzt aus einzelnen Sperrholzteilen und auf ein Leinholzbrett geklebt. Verziert mit Leiter, Bäumchen und Gartenzaun, hält es das Körnerfutter trocken und schmückt Balkon, Terrasse oder Garten.

Balkon und Garten haben zu jeder Jahreszeit ihren besonderen Reiz. Selbst wenn die Tage kürzer und zu kühl für längere Aufenthalte im Freien werden, erfreut zumindest die Aussicht auf eine schöne Dekoration die Seele und wärmt das Herz.

Schöner Kontrast – die Naturfarben der Kürbisse und bunten Blätter zusammen mit einer pink gestrichenen Holzwand und dem violetten Kunststoffteppich. Passend dazu der lila Holzstuhl und die Pflanzgefäße. Hier lässt sich der Herbst genießen.

Jeder Garten ist ein kleines Paradies

Natürlich sind Gärten nicht nur Orte der Ruhe und des Müßiggangs. Vielmehr erfordern diese Inseln des Glücks viel Planung, Kreativität, eine Menge Wissen und nicht zuletzt harte körperliche Arbeit. Für passionierte Gärtner liegt darin jedoch kein Widerspruch, denn sie werden schließlich – im wahrsten Sinne des Wortes – mit den Früchten ihrer Arbeit belohnt.

Mini-Gewächshaus, selbst gebaut aus einer alten Weinkiste aus Holz. Bis auf die Scharniere ist alles geklebt und nicht geschraubt.

Im Garten gibt es immer was zu tun. Dieser Gartenstuhl wartet auf eine neue Lackierung. Mit einer Drahtbürste und Sandpapier wird vorher die Oberfläche gereinigt.

Man kann nicht verlangen, dass einem das Glück fix und fertig ins Haus geliefert wird.

John Knittel

Gartenarbeit verlangt Geduld, Fleiß und Ausdauer. Dafür schenkt sie uns aber auch viel Bewegung an der frischen Luft, das Gefühl für den richtigen Zeitpunkt, den Blick für die vielen kleinen Wunder dieser Welt und ein Leben im Rhythmus der Natur.

Wildromantisch wie in einem verwunschenen Märchengarten: eine alte Zinkwanne mit Steinen auslegen und Blumenerde darüber verteilen. Steinkrautpflanzen hineinsetzen, die Zwischenräume mit Erde auffüllen und festdrücken. Mäßig gießen.

Glück zum Essen – frischer geht's nicht.

Im Herbst sammelte ich alle meine Sorgen
und vergrub sie in meinem Garten.
Als der Frühling wiederkehrte -
im April -, um die Erde zu heiraten,
da wuchsen in meinem Garten schöne Blumen.

Khalil Gibran

Wellness-Strauß aus Rosmarin, Kamille und Zitronenmelisse in eine Vase stellen und mit Limettenscheiben schmücken. Wenn man an den Kräutern reibt, entfaltet sich sofort das würzige Aroma.

Glück ist ein Duft,
den niemand verströmen kann,
ohne selbst eine Brise
abzubekommen.

Ralph Waldo Emerson

Basilikum, Minze & Co. sind Pflegestars für Haut und Haare. Sie erfrischen, entspannen, spenden Feuchtigkeit und wirken beruhigend. Für das Pfefferminz-Körperöl eine Handvoll frischer Minzblätter mit 1/2 Liter Olivenöl übergießen und in einem geschlossenen Gefäß eine Woche an einen warmen, sonnigen Platz stellen. Die Blätter herausfiltern, das Öl in einer dunklen Flasche kühl aufbewahren. Nach dem Baden in die noch feuchte Haut massieren.

Vitamine für Körper und Seele

Mit Kräutern, Blumen, Früchten und Gewürzen holen wir uns die Natur ins Haus. Sie lassen sich nicht nur hübsch arrangieren – wenn sich ihre ätherischen Düfte und Aromen in allen Räumen verbreiten, regen sie unsere Lebensgeister an und steigern das Wohlbefinden.

Schöner Schein und toller Duft: Teelicht in ein hübsches Wasserglas stellen und rundherum Vanillestangen mit Schleifenband befestigen. Durch die Wärme der Kerze verströmt die Vanille ihr einzigartiges Aroma.

Dass es der Zweck des Menschen ist, Ideen hervorzubringen, ist nicht erstaunlicher als Duft und Farbe bei den Pflanzen. Vielleicht sind die Düfte Ideen!

Honoré de Balzac

Duftkranz aus Salbei, Thymian und Chilischoten für die Küche. Hierfür kleine Kräutersträuße und Chilischoten dicht an dicht mit einer Klebepistole auf einem Steckschaumring befestigen.

Einfach und schnell
gute Laune verbreiten:
Wassergläser mit farbigen
Gummibändern versehen
und einige Blüten aus dem
Garten dazwischen stecken.

Ihren betörenden Blütenduft verströmen Rosen und Lavendel auch noch, wenn sie getrocknet werden. Dabei ergänzen sie sich nicht nur schön in ihrer Farbigkeit, sondern auch in der Wirkung: Lavendel beruhigt, Rosenduft belebt Körper und Geist.

Lavendel, der Duft der Provence, entströmt den zauberhaften Duftkissen aus Toile de Jouy, dem französischen Kattun-Stoff mit seinen typischen Landschaftsszenen.

Duftende Lavendelkörbchen: hierfür einen Strauß Lavendel direkt unterhalb der Blüten zusammenbinden. Die Stiele umknicken und außen über die Blüten legen. Ein Geschenkband vorsichtig durch die Stiele fädeln, am unteren Ende um die Stiele herumwickeln, verknoten und mit einer Schleife verzieren.

Wohlriechende Zierde fürs Badezimmer: Rosenköpfe dicht an dicht auf einen Steckschaumkranz stecken. Kleine Seifenbällchen mit schmalem Seidenband wie ein Paket verschnüren, andrahten und zwischen die Rosen setzen. Dafür Kernseife mit einer Küchenreibe raspeln, im Wasserbad (mit etwas Wasser zusätzlich) bei mittlerer Temperatur schmelzen. Unter häufigem Umrühren etwas abkühlen lassen. Duftstoffe hinzugeben, z. B. Rosenöl. Aus Mullstoff (Apotheke) kleine Quadrate schneiden, die von Hand geformten Seifenkugeln hineinlegen, an den vier Ecken zubinden und 24 Stunden lang zum Trocknen aufhängen.

Home Spa mit Naturkosmetik

Mit natürlichen Zutaten aus dem eigenen Garten, der Apotheke, dem Reformhaus und Drogeriemarkt lassen sich mit geringem Aufwand belebende, entspannende und regenerierende Kosmetika selbst herstellen. Da weiß man, was drin ist.

Eine feuchtigkeitsspendende Körperlotion mit Rosenduft: 3 EL Traubenkernöl, 1 EL Jojobaöl, 1 EL reines Bienenwachs, 1 Kapsel Vitamin E, 60 ml Rosenwasser, 5 Tropfen ätherisches Rosenöl, 3 Tropfen Grapefruitsamenextrakt. Traubenkernöl, Jojobaöl und Bienenwachs erwärmen, bis das Wachs geschmolzen ist. Inhalt der Vitamin-E-Kapsel hinzufügen. Lauwarmes Rosenwasser unter die Ölmischung rühren, bis die Masse dick und glatt ist. Rosenöl und Grapefruitsamenöl unterrühren. In ein sauberes Schraubglas oder einen Tiegel füllen. Erst verschließen, wenn die Creme ganz erkaltet ist. An einem kühlen Ort aufbewahren und rasch verbrauchen.

Für die Ringelblumen-Handcreme braucht man Ringelblumenöl, das sich leicht selbst herstellen lässt. Eine Handvoll frische oder getrocknete Ringelblumenblüten in ein feuerfestes Glas geben, mit 200 ml hochwertigem Öl übergießen, auf 30–40 Grad erwärmen. 3 bis 5 Stunden ziehen lassen, nach dem Erkalten in eine dunkle Flasche füllen. Für die Creme: 30 ml Ringelblumenöl im Wasserbad erwärmen, darin 2 Gramm Bienenwachs auflösen, gut verrühren, erkalten lassen. Wenn die Salbe zu dünn ist, kann noch eine kleine Menge Bienenwachs zugefügt werden.

Die Wurzel der Iris oder Schwertlilie wird wegen ihres Dufts auch Veilchenwurz genannt. Daraus lässt sich ein angenehmes Gesichtswasser für trockene oder reife Haut herstellen: 1/2 Liter Wasser 10 Minuten lang kochen lassen, 3 EL zerkleinerte Lilienwurzel dazugeben (aus der Apotheke; nur zerkleinert, nicht pulverisiert). Auf niedrigster Stufe etwa eine Stunde lang im geschlossenen Topf simmern lassen. Über Nacht in einer Glasschale zugedeckt ziehen lassen. Am nächsten Tag wieder leicht erwärmen, 1 EL Bienenhonig darin auflösen, abseihen und in eine Flasche füllen.

Erfrischt müde Augen, glättet Augenfältchen und Krähenfüße: 1/4 Liter Wasser 10 Minuten kochen, dann Kornblumenblüten dazugeben und ziehen lassen, bis der Aufguss abgekühlt ist. Wattepads oder kleine Mullkompressen damit tränken und auf die Augen legen. Mindestens 15 Minuten einwirken lassen.

Regeneration für müde Füße: 125 ml Hamameliswasser mit 15 Tropfen Lavendelöl und 5 Tropfen Pfefferminzöl vermischen, aufsprühen und einmassieren.

30 ml Mandel-, Jojoba- oder Traubenkernöl mit 10 Tropfen Arnikaöl mischen. Wirkt entspannend, lindert Muskelbeschwerden.

Tu deinem Leib
des Öfteren etwas Gutes,
damit deine Seele Lust hat,
darin zu wohnen.

Teresa von Avila

Seife im Massageschwamm: Luffaschwamm (Drogerie) in 3–4 cm dicke Scheiben schneiden. Jede Scheibe mit einer Banderole und einem Boden aus Pergamentpapier umkleben, Kernseife und farbige Seife mit einer Küchenreibe hobeln, die Späne im Wasserbad schmelzen. Aufgelöste Seife in die Schwammstücke gießen und gut härten lassen. Papier vorsichtig entfernen, eine Kordel durch den Rand ziehen und verknoten.

Haarspülung für blonde Haare: 6 EL Kamillenblüten oder 3 EL Kamille und 3 EL Ringelblumen in 1/2 Liter Wasser aufkochen, ziehen lassen, kalt abseihen, 1 EL Zitronensaft hinzufügen. Nach dem Waschen die Haare damit spülen. 2 Wochen haltbar.

Sich zu entspannen ist besser, als beschäftigt zu sein.

Baltasar Gracián y Morales

Dusch- oder Badeöl mit Klatschmohn: Mohnblütenextrakt (Apotheke) im Verhältnis 1 zu 10 mit Olivenöl mischen. Vor dem Baden oder Duschen auf die angefeuchtete Haut geben und einmassieren.

Bunt und gesund: ein Malvenblütenbad mit Meersalz. Das Salz versorgt die Haut mit Mineralien (das strafft), die Malven pflegen und entspannen. Je nach Farbe der Blüten wird das Badewasser blau, rosa oder violett. Für ein Vollbad nimmt man etwa 2 bis 3 Handvoll getrocknete Malvenblüten und 250 Gramm grobkörniges Meersalz aus der Apotheke. Ein Bad sollte nicht länger als 20 Minuten dauern. Und hinterher das Eincremen nicht vergessen!

Daheim auf der Insel des Glücks

Das eigene Zuhause kann zu unserer ganz persönlichen Insel des Glücks werden, wenn wir uns darin wohlfühlen. Die liebevolle, kreative Einrichtung und Dekoration der eigenen vier Wände schafft eine individuelle Atmosphäre der Geborgenheit und Wärme. Ob elegant, schlicht oder farbenfroh, mit asiatischen, mediterranen oder rustikalen Einflüssen – unserer Fantasie sind keine Grenzen gesetzt. Und erlaubt ist alles, was gefällt und Freude macht.

In der richtigen Umgebung ist es einfach, durch Meditation und Yoga zu Harmonie und Ausgeglichenheit zu finden.

Wo Liebe, Freundschaft,
Weisheit und Natur
in schöner Eintracht wohnen,
ist der Himmel.

Friedrich von Matthisson

Räucherstäbchen verströmen einen angenehmen Duft und schaffen eine Atmosphäre der Besinnung und Entspannung.

Wohnen wie im Land des Lächelns. Zarte Farben und schlichte Accessoires vermitteln fernöstliches Lebensgefühl. Zahlreiche Windlichter verbreiten Wärme und Geborgenheit.

Asiatisches Flair mit exotischen Blumen und Accessoires. Die Vase mit einem Serviettenstreifen unter durchsichtiger Folie, die mit Stoff bezogenen Windlichter und das Bastset harmonieren in ihrer fröhlichen Buntheit mit den farbstarken Blüten.

Sich an den einfachen Dingen des Lebens zu erfreuen,
bedeutet sein Leben zu genießen.

Japanische Weisheit

Runde Lampions aus Papier eignen sich hervorragend für Serviettentechnik. Dafür den Serviettenkleber ganz dünn auf die Lampions streichen und ausgeschnittene Motive oder ganze Bahnen aus der obersten Lage der Servietten aufkleben. Frische Blüten setzen Akzente.

Papierfaltkunst aus Japan: Origami-Vögel als Tischkarte aus gemustertem Papierquadrat falten. Zahlreiche Anleitungshefte gibt es in Bastel- und Buchläden.

Mit Paketschnur umwickelt, werden Kieselsteine zu dekorativem Fensterschmuck. Individuelle Akzente setzen die Sammelstücke auf dem Fensterbrett in gedeckten Blau- und Türkistönen.

Das Glück liegt im Detail

Um sich im eigenen Zuhause richtig wohlzufühlen, muss man sich nicht unbedingt mit Luxus umgeben, mit teuren Designobjekten oder ausgesuchten Kunstwerken. Viel wichtiger als der materielle Wert ist doch die Beziehung, die wir zu den Gegenständen haben, die uns tagtäglich umgeben und die Teil unseres Lebens sind. So können Fundstücke aus der Natur, kleine Andenken oder Geschenke von lieben Menschen unbeschreiblich wertvoll sein, wenn wir mit ihnen eine Geschichte verbinden, an die wir uns immer wieder gern erinnern.

Mit zarten Stoffen und Bändern bezogene Dosen bekommen kunstvolle Griffe. Dafür werden Schneckenhäuser mit Gips gefüllt, lackiert und mit Kontaktkleber aufgeklebt.

Das Bewusstsein eines erfüllten Lebens und die Erinnerung an viele gute Stunden sind das größte Glück auf Erden.

Marcus Tullius Cicero

Meist sind es die kleinen und unauffälligen Dinge, die uns dabei helfen, der Buntheit der Welt für einen Augenblick zu entfliehen, innezuhalten und Ruhe zu finden. Wenn man in aller Stille einen Moment des Glücks erlebt, ist es, als bliebe die Zeit stehen.

Ein schöner Platz für Fundstücke – Regal aus Holzlatten und Segeltau. Es ist einfach zu machen: drei Latten an jeder Seite mit zwei Bohrlöchern versehen. Vier Taue hindurchziehen, dabei unter jeder Latte ordentlich auf gleicher Höhe verknoten, oben zusammenführen und an einem stabilen Haken aufhängen.

Das Glück ist wie ein Schmetterling:
Wenn wir es jagen,
vermögen wir es nicht zu fangen,
aber wenn wir ganz ruhig innehalten,
dann lässt es sich auf uns nieder.

Nathaniel Hawthorne

Gardinen im Fischer-Look: Voile-Stoff auf die richtige Länge bringen und umnähen. Den oberen Rand doppelt legen und Ösen hineinschlagen. Mit grober Kordel an der Gardinenstange befestigen und schöne, nicht zu schwere Muscheln anheften.

Die schönsten Dinge sind nicht immer neu. Auf dem alten Tischchen steht gesammeltes Lieblingsgeschirr, das seinen Reiz in den unterschiedlichen Dekoren hat. Keine Angst vorm Mustermix, gerade bei Sammelstücken ist der Kontrast spannend.

Wer mit offenen Augen durch die Welt geht, kann überall Schönes entdecken. Helle antike Möbel und andere alte Schätzchen vom Flohmarkt, gern auch mit Gebrauchsspuren, lassen sich wunderbar mit zarten Blumenstoffen im Landhausstil dekorieren.

Sammler sind glückliche Menschen.

Johann Wolfgang von Goethe

Landhausstil mit altem Küchensieb: Damit das Gefäß wasserdicht wird, zuerst mit einer Folie auskleiden. Dann Steckmasse hineinsetzen und Blumen, Kräuter und Gräser hineinstecken. Das Sieb mit einer zarten Schleife dekorieren.

Transparente Windlichthüllen mit Poesie: passende Zitate auswählen und farbig auf Pergamentpapier ausdrucken oder per Hand aufschreiben. Teelichter in Wassergläser geben, Pergamentpapier passend zuschneiden, um die Gläser legen und mit Schmetterlingsoblaten bekleben.

Nostalgie im Trend – die Kombination von weichen Pastelltönen mit hübschen alten Glanzbildern und zarten Blüten erweckt den Zauber einer romantischen Märchenwelt.

Romantisch geschmückte Gipsbüste: dafür einen Kranz aus künstlicher Buchsbaumgirlande binden und mit künstlichen oder frischen Rosen verzieren.

Nostalgische Windlichter: je Windlicht zwei Butterbrottüten ineinanderstecken, dazwischen je eine große Oblate legen. Mit Dekoband und echten Blüten dekorieren. In die Tüten je ein Wasserglas mit Teelicht stellen.

Tischlein, deck dich! Auf den grundierten Holztisch einfach Teller mit Blümchenrand und silbernes Besteck aufmalen. Wer keine Übung im Malen hat, kann als Schablonen auch Tortenspitze auflegen und dann das ganze Holz übersprühen.

Ungewöhnliche Wanddeko: Keilrahmen maigrün bzw. pink bemalen. Unterschiedliche Tortenspitzen zuschneiden, mit Serviettenkleber fixieren und das Ganze noch einmal mit Serviettenkleber versiegeln.

Einfach Spitze – der ganze Raum erstrahlt in zarten Farben. Die romantischen Elemente der Tischdekoration finden sich auch an anderen Stellen des Raumes wieder.

Aus grünem Tonpapier einen Viertelkreis von 10–12 cm Radius zuschneiden, mit dem passenden Stück einer runden Tortenspitze außen und am oberen Rand innen bekleben. Tüte zusammenrollen und festtackern, am oberen Rand zweimal lochen und ein Satinbändchen zum Aufhängen durchfädeln. Die Blumen stehen in Orchideenröhrchen.

Schlichte Trinkgläser werden mit Tortenspitze zu attraktiven Windlichtern umfunktioniert. Dafür den Rand einer runden Tortenspitze abschneiden, um die Gläser legen und mit doppelseitigem Klebeband befestigen. Kleine bunte Stumpenkerzen hineinstellen.

Gemütlichkeit in Rot und Weiß

Da kommt gesellige Stimmung auf! Trendige Punkte und frisches Karomuster auf Möbeln und Deko verbreiten Gemütlichkeit und laden zum zünftigen Hüttenzauber ein.

Glück in Dosen: eine Dose mit lustigen Punkten zu 3/4 mit Steckschaum füllen, Kerzen hineinstecken und mit Moos bedecken. Darauf kleine Fliegenpilze dekorieren.

Originelle Briefumschläge: zwei Postkarten oder Fotos vom letzten Urlaub mit der Bildseite nach außen gegeneinanderlegen und mit dem Locher oder der Lochzange rundherum Löcher stanzen. Mit rotweißer Schnur umfädeln, kurz vor dem Verschließen den Brief einstecken. Aus weißem Papier mit der Zickzackschere Adressaufkleber ausschneiden und aufkleben. Und ab die Post!

Selbst genähte Karo-Hussen laden zum gemütlichen Verweilen am Biertisch ein. Material: 6,20 m Karostoff (140 cm breit), 50 x 50 cm rosa Filz, 8 m weiße Zackenlitze, 34 weiße Wäscheknöpfe. Zuschnitt für den Tisch: 138 x 306 cm zuschneiden, an jeder Ecke ein Quadrat von 37,5 x 37,5 cm ausschneiden, die Ecken schließen, dafür die entstandenen Kanten rechts auf rechts legen und mit 1 cm Nahtzugabe absteppen. Den Saum zweimal 2 cm umschlagen und steppen. Zackenlitze im Rechteck mit 10 cm Abstand von der Tischkante aufnähen. Zuschnitt für eine Bank: 116 x 310 cm zuschneiden, an jeder Ecke ein Quadrat von 39 x 39 cm ausschneiden, die Ecken mit 1 cm Nahtzugabe zusammennähen. Saum mit zweimal 2 cm Umschlag steppen. Für die Kissen jeweils zwei Restquadrate verwenden, auf eines 6 cm vom Rand Zackenlitze aufsteppen, beide rechts auf rechts legen und rundum mit 1 cm Zugabe steppen, auf einer Seite einen 10 cm langen Schlitz zum Wenden offen lassen, Ecken versäubern, wenden und Schlitz nach dem Füllen von Hand schließen. Für die Filzherzen eine ca. 7 cm große Pappschablone fertigen, 34 Herzen auf Filz zeichnen und mit Zackenschere ausschneiden. Auf die Kissen, alle Seiten der Tischdecke und die Außenseiten der Bänke verteilen und mit je einem Wäscheknopf annähen.

Mit ihrem individuellen Design verbreitet diese Kommode edles Landhaus-Flair. Jede Schublade ist mit einem anderen blauweißen Muster in Serviettentechnik verschönt.

Alles in schönster Ordnung!

Wie angenehm ist es, wenn mal alle Verpflichtungen erfüllt sind und keine unerledigten Arbeiten auf einen warten. Dann kann man sich entspannt zurücklehnen und mit bestem Gewissen die freie Zeit genießen. Ein gutes Ordnungssystem kann dazu beitragen, alle anfallenden Aufgaben effizient zu erledigen und schnell zu den Akten zu legen. Und Ordnung macht Spaß, wenn das Mobiliar schön und liebevoll gestaltet ist.

Ordnung führt zu allen Tugenden.
Was aber führt zur Ordnung?

Georg Christoph Lichtenberg

Weiße Aufbewahrungsboxen ausmessen, Seidenpapier mit Ornamentmuster passend zuschneiden (dabei ca. 1 cm zum Einschlagen nach innen berücksichtigen) und in Etappen mit einem Klebestift aufbringen.

Maritim-Look mit festem, gestreiftem Baumwollstoff.

Glück ist der Stuhl,
der plötzlich dasteht,
wenn man sich zwischen
zwei andere setzen wollte.

George Bernard Shaw

Sessel mit prunkvollem Stoffbezug in Rot und Gold.

Romantisches Relaxen im rosa Sessel mit Rosenmuster.

Die Seele baumeln lassen

Eine kleine Insel des Glücks ist sicherlich der Lieblingssessel, in dem wir zur Ruhe kommen, die Gedanken schweifen und die Seele baumeln lassen können. Je nach Geschmack kann solch ein Ruhemöbel ganz unterschiedlich aussehen – Hauptsache, es ist bequem.

Ein Stuhl, vier Designs: zunächst die Holzteile farbig lackieren, dann die Polster beziehen. Stoff für die Sitzfläche und die Rückenlehne passgenau zuschneiden und rundum antackern – um die Tackerstellen zu verdecken, wird über den Klammern ein ca. 1 cm breites Stoffband aufgeklebt.

Neo-Barock mit Krone – gold gestrichen, mit pinkfarbenem Taft und Spitzenstoff bezogen.

In der Ruhe liegt die Kraft

Ein Millionär macht in Italien Urlaub. Als er am Strand liegt und sich sonnt, sieht er einen jungen Italiener, der am helllichten Tag am Kai in der Sonne sitzt und dem „dolce far niente" frönt.
Er fragt ihn: „Warum arbeiten Sie eigentlich nicht?"
„Warum soll ich arbeiten?", erwidert der Italiener.
„Um Geld zu verdienen natürlich!"
„Warum soll ich Geld verdienen?"
„Damit Sie sich etwas leisten können!"
„Was soll ich mir denn leisten können?"
„Na, eine schöne Reise zum Beispiel?"
„Wohin sollte ich denn reisen?"
„Na, ans Meer zum Beispiel, wie ich."
„Und dann?"
„Dann könnten Sie mal gar nichts tun, so richtig entspannen, sich erholen und den Sonnenuntergang genießen."
„Aber das alles mache ich doch jetzt schon!"

Anonym

Urlaubsstimmung in der Hängematte mit farbenfrohen Kissen, Beistelltischchen aus Obstkisten, mit Acrylfarben bemalt und aufgeklebten Muscheln verziert.